Lotta kommt in den Kindergarten

Eine Geschichte von Amber Stewart
Mit Illustrationen von Layn Marlow

COPPENRATH

Dieses Buch gehört:

_____

Sei lieb zu diesem Buch!

Für meine fantastische Lottie, für all die Schritte, die sie schon gemacht hat, und die, die noch kommen werden. A. S.

Dieses Buch widme ich Aslom für seine Arbeit mit Kindern und Jaimes Bewunderung für ihn. L. M.

5 4 3 2 1   14 13 12 11 10
ISBN 978-3-8157-9888-1
© 2010 für die deutschsprachige Ausgabe:
Coppenrath Verlag GmbH & Co. KG, Münster
Deutscher Text von Jutta Knollmann
Die englische Originalausgabe erschien 2010
unter dem Titel „Puddle's Big Step"
bei Oxford University Press, Oxford
Text © Amber Stewart 2010
Illustrations © Layn Marlow 2010
Alle Rechte vorbehalten
Printed in China

www.coppenrath.de

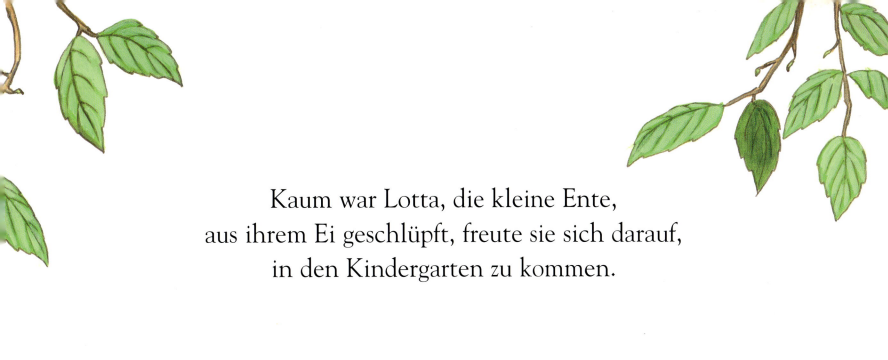

Kaum war Lotta, die kleine Ente,
aus ihrem Ei geschlüpft, freute sie sich darauf,
in den Kindergarten zu kommen.

Jeden Tag schauten Lotta und ihre Freunde Pit und Ella zu, wie die anderen Enten in den Kindergarten unter der alten Weide watschelten.

Sie sahen so groß aus,
mit ihren Kindergartentaschen …

… und Lotta wünschte sich
nichts mehr, als so zu sein wie sie.

Eines Tages, als Lotta ihrer Mutter
beim Plätzchenbacken half,
drückte Mama sie liebevoll an sich.
„Nun ist es so weit. Du bist groß genug,
um in den Kindergarten zu gehen,
Lotta", sagte sie.

Lottas flauschige Federn plusterten
sich vor Stolz auf.
„Bekomme ich auch eine eigene
Kindergartentasche, Mama?", fragte sie.
„Ja, die bekommst du", lächelte Mama.
„Und zwar eine ganz besondere."

Am Abend kuschelte Lotta sich
tief in ihr Nest und stellte sich ihren
ersten Tag im Kindergarten vor.
Da puckerte ihr kleines Herz mit einem Mal
vor Aufregung und sie rutschte ein bisschen
näher an Mamas warme, weiche Federn heran.

Plötzlich wusste sie, dass sie sich
geirrt hatte: Sie *konnte* darauf warten,
in den Kindergarten zu kommen …

… so lange, bis sie eine ururalte Ente
geworden war.

„Alle Entenkinder, die heute zum ersten Mal zur alten Weide gehen, sind aufgeregt", sagte Mama am nächsten Morgen sanft und half Lotta mit ihrer Kindergartentasche.

„Der erste Tag im Kindergarten ist ein sehr großer Schritt."

Lotta war sich nicht einmal
sicher, ob sie

einen klitzekleinen

Schritt

schaffen würde.

Es fühlte sich an,
als wären ihre Füße
am Boden festgeklebt.

„Du wirst viel Spaß haben",
lächelte Mama und schob Lotta
behutsam über die Steine am Fluss.
„Du bist doch meine tapfere kleine Ente."

Als Lotta im Kindergarten ihre Tasche absetzte und hineinlinste, entdeckte sie etwas … etwas, das sie nur zu gut kannte.

Eine von Mamas kleinsten und flauschigsten Federn!
Mama hatte sie ihr in die Tasche gesteckt,
damit Lotta wusste, dass sie immer bei ihr war.

Nun fühlte sich Lotta tapfer genug,
um den nächsten großen Schritt zu wagen …

… und sie ergatterte einen Sitzplatz auf einem Seerosenblatt.
„Ich mag deine Feder", flüsterte die kleine Ente neben ihr.

Der Morgen verging wie im Flug,
während die Entenkinder …

… Marienkäfer beobachteten …

… Raupen zählten …

… über Seerosenblätter hüpften …

… bis die Erzieherin schließlich
mit den Flügeln klatschte
und sie zum Essen rief.

Lotta seufzte. Sonst hatten Mama und
sie immer zusammen gegessen. Jeden Tag.
Und nun war Mama sooo weit weg.

Doch als Lotta ihre Butterbrotdose
aus der Kindergartentasche holte, sah sie,
dass Mama ihr Lieblingsessen eingepackt hatte …

… und vier selbst gemachte Plätzchen –
eines für Lotta, eines für Pit, eines für Ella
und eines für ihren neuen Freund.

Nach dem Essen
war es Zeit für ein Schläfchen
unter dem Weidenbaum.

Lotta schaute in ihre Kindergartentasche. Hoffentlich hatte Mama auch an ihre Kuscheldecke …

… ja, das hatte sie.

Später bastelten die Entenkinder
Geschenke für ihre Mamas und Papas.

Manche machten Fußbilder …

… andere flochten Kränze
aus Gänseblümchen …

… und wieder andere
verzierten Zweige.

Schon war der erste Tag
vorüber und die Entenkinder
machten sich auf den Heimweg.
Vorsichtig steckte Lotta ihren Zweig
in die Tasche. Dann lief sie überglücklich
ihrer Mama entgegen, voller Freude
auf die warme, weiche Umarmung,
die sie erwartete.

Als Mama und Lotta sich
am Abend ins Nest kuschelten,
dachte die kleine Ente an den Tag
zurück und wieder machte ihr Herz
puck-puck, puck-puck vor lauter Aufregung.

Denn sie konnte es kaum erwarten,
morgen wieder in den Kindergarten zu gehen.
Was sie dort wohl erleben würde?